Monika Gänsler

Herbst-

Mobiles

frechverlag

Gruppe 2:

Herbstzeit - Pilzzeit

(Abbildung Seite 1)

Fliegenpilz ca. 8 cm

Tonkarton in Weiß, Rot, Weinrot, drei Brauntönen, zwei Gelbtönen, Orange, zwei Grautönen und Schwarz sowie Wackelaugen in verschiedenen Größen

Welch eine lustige Gesellschaft! Der Pfifferling bekommt eine orangefarbene Krempe. Die Augen und das Wurzelteil werden von vorne ergänzt.

Die giftige Fliegenpilzkappe erhält von vorne das Lamellenteil, die weißen Punkte, den Stiel samt Pilzhaut, die Augen und das Wurzelteil.

Fixieren Sie auf den Pilzhüten der anderen Pilze (Birkenpilz, Rotkappe und Steinpilz) von vorne das jeweilige Schwammteil, den Stiel, die Augen und das Wurzelteil. Der Steinpilz bekommt zusätzlich noch eine schwarze Nase aufgeklebt.

Bevor Sie Ihr Pilzmobile zusammensetzen (Anleitung Seite 6), müssen Sie alle Innenlinien mit einem schwarzen Stift aufmalen.

Fotos: frechverlag GmbH + Co. Druck KG, 70499 Stuttgart;
Fotostudio Ullrich & Co., Renningen

Dieses Buch enthält:
2 Vorlagenbogen

Auflage: 5. 4. 3. | Letzte Zahlen
Jahr: 2003 2002 2001 2000 1999 | maßgebend

frechverlag GmbH + Co. Druck KG, 70499 Stuttgart

ISBN 3-7724-2496-1 · Best.-Nr. 2496

Druck: frechverlag GmbH + Co. Druck KG, 70499 Stuttgart

Herbstzeit ist Bastelzeit. Die Tage werden kürzer und es wird schneller draußen dunkel. Das ist genau die richtige Zeit, um das Bastelmaterial hervorzuholen, die Schere zu suchen und mit der Bastelei zu beginnen.

Dieses Buch bietet eine Vielzahl unterschiedlicher Mobiles, mal lustig und mal naturgetreu. Gemüse wird geerntet, prachtvolles Obst gepflückt, Blätter werden gesammelt, Tiere bei ihren Wintervorbereitungen beobachtet und vieles mehr!

Schnell ein Mobile aussuchen und schon kann der Bastelspaß beginnen. Einen bewegten Herbst wünscht Ihnen

Ihre Monika Gänsler

Werkzeug

- Mittelgroße, spitze Schere
- Kleine spitze, halbrunde Nagelschere
- Cutter mit Schneideunterlage
- Bürolocher oder Lochzange
- Bleistift
- Schwarzer Stift für die Innenlinien
- Weißer Lackstift
- Radiergummi
- Eventuell Zirkel
- Zahnstocher
- Büroklammern
- Nadel

Bastelmaterial

- Tonkarton in verschiedenen Farben
- Gemusterter Tonkarton in verschiedenen Farben
- Regenbogen-Tonkarton
- Wabenpapier in verschiedenen Farben (Motive Seite 7 und 21)
- Transparentpapier in verschiedenen Farben (Motiv Seite 29)
- Wackelaugen in verschiedenen Größen (Motiv Seite 1)
- Transparent- oder Butterbrotpapier zum Übertragen der Vorlagen
- Dünne Pappe für Schablonen
- Mobilestäbchen
- Nähgarn in verschiedenen Farben
- Zwirn (Motive Seite 14 und 19)

Klebstoff

Als besonders günstig haben sich Klebestifte und UHU-Kraft erwiesen. Damit Ihnen zusammengeklebte Teile beim Trocknen nicht verrutschen, können Sie sie mit Wäscheklammern zusammenhalten.

So entstehen die bunten Mobiles

Da die meisten Mobiles aus mehrfach gearbeiteten Teilen bestehen, ist es sinnvoll, Schablonen von den Vorlagen herzustellen.

1. Legen Sie Ihr Transparent- oder Butterbrotpapier auf den Vorlagenbogen und übertragen Sie die Einzelteile des Motivs ohne Überschneidungen mit einem Bleistift auf das Papier.

2. Das Transparentpapier wird auf dünne Pappe geklebt und genau ausgeschnitten – fertig sind Ihre Schablo-

nen. Diese legen Sie auf das gewünschte Material, aus dem das Teil gearbeitet werden soll.
Ziehen Sie die Umrisse der einzelnen Teile mit einem Bleistift exakt nach und schneiden Sie die Teile sorgfältig aus.

Wichtig für das Arbeiten mit Wabenpapier:

Die Wabenpapierteile benötigen eine Grundplatte. Diese ist etwas kleiner als die Wabenpapierform und wird aus Tonkarton zugeschnitten.
Die mit einem Pfeil gekennzeichnete Schablone für das Wabenpapierteil wird so auf das Wabenpapier gelegt, dass die gerade Seite der Schablone bündig zum Rand des Wabenpapiers liegt und der Pfeil parallel zu den Klebenähten des Wabenpapiers verläuft. Das Wabenpapier wird nur als halbe Form zugeschnitten.
Jetzt bestreichen Sie die gerade Kante des Wabenpapiers mit UHU-Kraft und kleben dieses Teil mittig auf die Grundplatte aus Tonkarton. Nachdem der Klebstoff getrocknet ist, wird zuerst die eine Seite des Wabenpapiers mit Hilfe eines Zahnstochers geöffnet und auf die Grundplatte geklebt. Büroklammern können die Klebestellen so lange zusammendrücken, bis der Klebstoff getrocknet ist.
Erst nach dem Trocknen wird die zweite Seite auf die Grundplatte geklebt.

3. Nun können Sie alle Innenlinien, dem Vorlagenbogen und dem Foto entsprechend, ergänzen und Ihr Motiv laut Anleitung zusammenfügen.
Wollen Sie die Sonnenblumen oder den Raben mit dem Lampion frei auf-

hängen, sollten Sie eine zweite Halbkugel aus Wabenpapier fertigen und Rücken an Rücken auf die erste Halbkugel kleben.

4. Hängen Sie alle beweglichen Teile untereinander. Erst danach balancieren Sie das ganze Motiv zwischen Daumen und Zeigefinger aus.
Durchstechen Sie an dieser Stelle den Tonkarton, ziehen Sie einen Faden hindurch und verknoten Sie diesen. Jetzt können Sie Ihr Mobile aufhängen.

WICHTIG

Alle Anleitungen dieses Buches beziehen sich auf einseitig gebastelte Mobiles. Soll die Rückseite genauso hübsch aussehen, brauchen Sie nur die entsprechenden Teile doppelt auszuschneiden und auf der Rückseite spiegelverkehrt aufzukleben. Da Ihr Mobile ständig in Bewegung ist, wäre ein beidseitig gearbeites Modell natürlich besonders schön.

Zusammensetzen eines Mobiles mit Holzstäben

1. Bevor Sie die einzelnen Teile anhängen, balancieren Sie bitte jedes Teil aus. Durchstechen Sie das Teil an dieser Stelle mit Nadel und Faden.

2. Legen Sie die Stäbchen und die Teile gemäß Foto vor sich auf einen Tisch. Knoten Sie die jeweiligen Motivteile rechts und links an das Ende des entsprechenden Stäbchens. Wird an ein Teil ein weiteres Teil angeknotet, so geschieht dies natürlich auch vor dem Ausbalancieren.
Ganz zum Schluss wird der Aufhängefaden angeknotet, nun können Sie das komplette Mobile aufhängen und ganz langsam ausbalancieren. Arbeiten Sie sich beim Ausbalancieren von unten nach oben durch.
Befinden sich alle Stäbe in der Waage, so werden die Fäden mit Flüssigkleber an den Holzstäbchen fixiert.

Wir strahlen mit der Sonne um die Wette

Sonnenblume mit Blatt ca. 18 cm

Tonkarton in Gelb, Dunkelbraun und Grün sowie Wabenpapier in Dunkelbraun

Bevor Sie das grüne Blatt ergänzen, malen Sie alle Innenlinien auf die gelbe Sonnenblumenblüte.
Nun können Sie das dunkelbraune Wabenpapierteil von vorne in die Mitte kleben. Hinweise für das Arbeiten mit Wabenpapier finden Sie auf Seite 5 und 6.
Basteln Sie zwei weitere Sonnenblumen und hängen Sie diese untereinander. Diese drei Sonnenblumen können wirklich mit der Herbstsonne in Konkurrenz treten.

TIPP

Möchten Sie Ihre Sonnenblumen frei aufhängen, sieht es besonders hübsch aus, wenn Sie auch die Rückseiten mit Wabenpapier verschönern.

Jetzt wird geerntet

Lauchlänge ca. 28 cm

Tonkarton in Weiß, Hautfarben, zwei Grüntönen, Rot, Orange und Dunkelbraun

Kleben Sie an das weiße Lauchteil von vorne die Wurzel und von hinten die vier Blätter gemäß Vorlage.
Die Möhre erhält ihr Grün von vorne.

Bekleben Sie das Zwiebelteil von vorne mit dem Wurzelteil, die drei Grünteile fixieren Sie von hinten.
Befestigen Sie das Grün der Tomate ebenfalls von vorne.

Durchstechen Sie die Lauchstange an drei Stellen und hängen Sie die Möhre, die Zwiebel und die Tomate an.
Nun balancieren Sie das komplette Mobile zwischen zwei Fingern aus und durchstechen es an dieser Stelle mit dem Aufhängefaden.
Zeichnen Sie noch alle schwarzen Innenlinien auf dem Gemüse ein – fertig!

Sind wir nicht Prachtexemplare?

(Abbildung Seite 9)

Großer Kürbis ca. 15 cm

Tonkarton in Gelb, drei Orange- und zwei Grüntönen

Der große Kürbis wird von vorne mit dem Stielteil beklebt. Der kleine, dunkelgrüne Kürbis erhält die gelben Streifen und danach das Stielteil ebenfalls von vorne. Nun kleben Sie beide Kürbisse auf die gelbe Bodenfläche und ergänzen das Blatt.
Bevor Sie die kleinen Kürbisse und die Blätter abwechselnd unter die Prachtexemplare hängen, versehen Sie die Kürbisse noch von vorne mit den kleinen Stielen.
Mit einem schwarzen Stift können Sie alle Innenlinien ergänzen und schon haben Sie ein dekoratives Kürbis-Mobile.

Tonkarton in Schwarz, Dunkelbraun, zwei Grüntönen, Blau, Rot, Gelb, Orange und Hautfarben sowie Regenbogen-Tonkarton

Zunächst fertigen Sie Valentin: Kleben Sie von hinten die Hose an der Jacke fest. Nun bekommt Valentin von vorne das Gesicht mit Augen, Nase und Haarteil. Fügen Sie den Hut zusammen und setzen Sie ihm diesen auf den Kopf. Dann wickeln Sie dem kleinen Kerl den Schal um den Hals und kleben die Schalenden von vorne fest.

Sind wir nicht Prachtexemplare?

(Beschreibung Seite 10)

Valentin, die Vogelscheuche

Vogelscheuche ca. 23 cm

Die alte Jacke bekommt von vorne einen roten Flicken, zwei Knöpfe und die Jackentasche, auch die Hose erhält einen Flicken. Als nächstes ergänzen Sie von hinten Valentins Strohhände, Strohfüße und den Holzstock. Malen Sie alle Innenlinien mit einem schwarzen Stift auf. Die Knopflöcher können Sie mit einem weißen Lackstift auftupfen.

Alle Vögel erhalten von vorne den Schnabel, das Auge und einen Flügel. Den zweiten Flügel kleben Sie auf der Rückseite fest. Da sich das Mobile dreht, empfiehlt es sich, die Vögel auch auf der Rückseite mit einem Auge und einem Schnabelteil zu versehen. Die Innenlinien werden wiederum mit einem schwarzen Stift aufgemalt.

Das Zusammensetzen des Mobiles wird auf Seite 6 erklärt.

Blätter im Wind

Kastanienblatt ca. 14,5 cm

Regenbogen-Tonkarton in verschiedenen Verläufen

Schneiden Sie ein Kastanienblatt, ein Eichenblatt, ein Buchenblatt, ein Lindenblatt, ein Ahornblatt und vier Birkenblätter aus. Dann hängen Sie sie an den Holzstäbchen auf (Beschreibung Seite 6). Schon fertig!

Es regnet und regnet

Bär ca. 19,5 cm

Tonkarton in Rot, Gelb, zwei Brauntönen, Schwarz, Weiß, Grün und zwei Blautönen, Pünktchen-Tonkarton in Blau-Rot, Gelb-Blau und Rot-Schwarz sowie Streifen-Tonkarton in Blau-Rot

Kleben Sie das grüne Hosenteil von hinten am gestreiften Regenmantel fest. Ziehen Sie dem Bären die Gummistiefel an und fixieren Sie den Schirmstock von vorne.
Nun können Sie von hinten das große rote Schirmteil ergänzen und von vorne den Kopf befestigen. Bekleben Sie den Kopf mit der Schleife, den Augen, dem Schnauzenteil und der Nasenspitze. Dann werden der gelbe Schal und die gelben Schalenden angebracht.
Damit der Bär den Schirm richtig festhalten kann, fixieren Sie von vorne erst die linke Hand und danach die rechte Hand. Das zweite kleinere Schirmteil komplettiert den Schirm und wird von vorne angeklebt.
Platzieren Sie die hellblaue Pfütze auf der dunkelblauen Bodenfläche, danach stellen Sie den Bären in die Pfütze.

Malen Sie die Pupillen und alle Innenlinien mit einem schwarzen Stift auf. Zum Schluss durchstechen Sie die Bodenfläche an drei Stellen und hängen drei kleine Regenschirme an. Bei diesen Schirmchen müssen Sie nur die Schirmstöcke von hinten ergänzen.
So gut gegen den Regen geschützt, kann der nächste Schauer ruhig kommen.

Halloween, Halloween!

(Abbildung Seite 24)

Großer Kürbis ca. 10 cm

Tonkarton in Gelb, Weiß, Schwarz, zwei Orange- und zwei Grüntönen

Alle kleinen Kürbisgeister erhalten ein Stielteil, Augen, Nase und Mund. Die Gesichter der Gespenster und alle schwarzen Innenlinien der Kürbisgesichter werden mit einem schwarzen Stift ergänzt.
Nun hängen Sie alle Teile dem Foto entsprechend auf. Die Anleitung für die Herstellung eines Mobiles mit Holzstäbchen finden Sie auf Seite 6.
Suchen Sie schnell ein Plätzchen für Ihr Mobile, dann kann der Spuk sofort beginnen!

Halloween, Halloween!

(Beschreibung Seite 22)

Mmh, lecker!

Weintraube ca. 13,5 cm

Tonkarton in Weiß, Braun und drei Grüntönen sowie Streifen-Tonkarton in Schwarz-Gelb

An die Traubenpracht werden von hinten der Stiel und das Blattteil geklebt. Dann malen Sie mit einem schwarzen Stift die Trauben auf.

Nun kleben Sie den Bienenkopf auf den großen Körper und ergänzen von vorne und hinten die Flügel. Basteln Sie noch vier weitere kleine Bienen und ergänzen Sie alle Innenlinien und Augen mit einem schwarzen Stift.

Anschließend hängen Sie vier kleine Leckermäuler unter die reife Traube, eine schwirrt darüber umher. Doch keine Angst, diese Bienen stechen bestimmt nicht!

Etwas für die Vorratskammer!

(Beschreibung Seite 28)

Hamster ca. 18 cm

Tonkarton in Rot, vier Brauntönen, Gelb, Schwarz, Blau, drei Grüntönen und Elfenbein sowie karierter Tonkarton in Blau-Weiß

Etwas für die Vorratskammer!

(Abbildung Seite 27)

Der Hamsterkopf erhält von vorne das Auge und die Nasenspitze. Ergänzen Sie von hinten das kleine rechte Ohr. Nun werden von vorne der Kopf, der linke Arm samt Hand und die beiden Hosenflicken auf den Rumpf geklebt. Von hinten bekommt der fleißige Hamster den linken Fuß, das rechte Hosenbein, den rechten Fuß und das Stummelschwänzchen.
Dann geben Sie dem kleinen Gourmet von hinten eine Eichel mit Hütchen in die Hand und platzieren ihn auf der Bodenfläche.
Alle Eicheln bekommen von vorne ein Hütchen, die Haselnüsse werden mit dem Blattgrün vervollständigt. Versehen Sie die Hagebutte von vorne mit dem Blütenteil und von hinten mit dem Stiel. Bei der Kastanie kleben Sie von vorne das helle Innenteil und danach die Kastanie auf.
Als nächstes malen Sie alle Innenlinien auf.
Jetzt können Sie den ganzen Vorrat verteilen: Dazu kleben Sie eine Getreideähre, einige Getreidekörner, zwei Haselnüsse und zwei Eicheln auf die Bodenfläche.
Da der emsige Hamster noch mehr Vorräte angehäuft hat, müssen Sie noch eine Eichel, eine Hagebutte, zwei Haselnüsse und eine Kastanie unten anhängen. Ob der Vorrat reicht?

Steige, lieber Drachen!

Drachen ca. 11,5 cm

Tonkarton in Weiß, Gelb, zwei Blautönen und Grün, Pünktchen-Tonkarton in Rot-Blau sowie Transparentpapier in verschiedenen Farben

Kleben Sie von vorne die rautenförmigen Dreiecke aus Pünktchen-Tonkarton auf den Drachen und bringen Sie die Gesichtsteile an.
Lochen Sie den Drachen an der unteren Spitze mit einer Lochzange und knoten Sie einen Zwirnfaden mit sieben aus Transparentpapier gefalteten Schleifen an. Die letzte Schleife wird an der Längsseite zusammengeklebt und bildet somit das Schwanzende.
Drei weitere Transparentpapierschleifen kleben Sie von vorne auf jede weitere Drachenecke.
An der mittleren weißen Wolke werden von hinten zwei hellblaue Wolken und die Sonne angeklebt. Bringen Sie ebenfalls von hinten die zweite weiße und die dritte hellblaue Wolke an. Nun können Sie den kompletten Drachen auf Wolken betten und den Drachenschwanz etwas fixieren.
Vier weitere angehängte Wolken machen dieses Fensterbild komplett. Sobald Sie die Pupillen und alle weiteren Innenlinien mit einem schwarzen Stift ergänzt haben, können Sie den Drachen an Ihrem Fenster steigen lassen.

Jetzt wird es kalt!

Gans ca. 15,5 cm

Tonkarton in Rot, Blau, Grün, Orange und Weiß sowie Pünktchen-Tonkarton in verschiedenen Farben

Fertigen Sie fünf Gänse: Als erstes kleben Sie von vorne den Mützenrand und den Pompon an der Mütze fest. Dann setzen Sie der Gans die fertige Mütze auf und bringen den Schnabel, das Schalende, den Schal und das linke Bein samt Stiefel von vorne an. Von hinten wird nur das rechte Bein mit dem Stiefel ergänzt. Malen Sie das Auge, die Pupille und die Innenlinien mit einem schwarzen Stift auf.

Nun stellen Sie aus den Gänsen das Mobile zusammen. Auf Seite 6 finden Sie Tipps zur Herstellung eines Mobiles. Ob die Gänse zu Weihnachten wohl im Bratofen landen werden?

Die Birnen sind reif!

Große Birne mit Blatt
ca. 14,5 cm

Tonkarton in Dunkelbraun, drei Grüntönen, Rot und Orange sowie Regenbogen-Tonkarton

Als erstes kleben Sie von vorne den Stiel, ein Blatt und die vertrocknete Blüte an die linke große Birne. Dann ergänzen Sie das zweite Blatt von hinten. Die zweite Birne erhält von vorne ebenfalls ihre vertrocknete Blüte und wird von hinten an der ersten Birne befestigt.

Die Bodenfläche besteht aus sechs Blättern, die gemäß Vorlage von hinten angebracht werden. Jetzt werden die beiden Würmer platziert, ein Wurm von vorne und einer von hinten.

Die kleinen Birnen fertigen Sie ebenso wie die linke große Birne, sie erhalten jedoch nur ein Blatt. Hängen Sie sie unter die großen Früchte. Zum Schluss ergänzen Sie alle Innenlinien und die Augen der Würmer mit einem schwarzen Stift, balancieren das Mobile aus und hängen es auf.

Nun können Sie sich an den reifen Birnen erfreuen. Lecker!